8° Q
1f 96
(1892)

I0080315

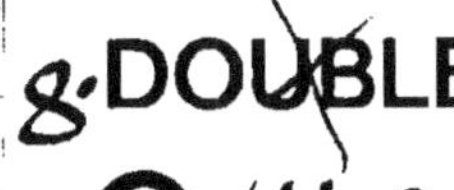

VILLE DE BELFORT

BIBLIOTHÈQUE MUNICIPALE

CATALOGUE

DE LA

1re PARTIE

DITE

BIBLIOTHÈQUE POPULAIRE

BELFORT
IMPRIMERIE DU JOURNAL « LA FRONTIÈRE »

1892

VILLE DE BELFORT

BIBLIOTHÈQUE MUNICIPALE

CATALOGUE

DE LA

1re PARTIE

DITE

BIBLIOTHÈQUE POPULAIRE

BELFORT

Imprimerie du journal « La Frontière »

1892

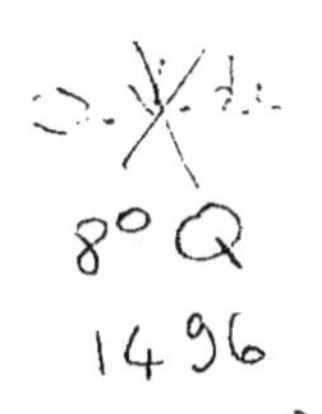

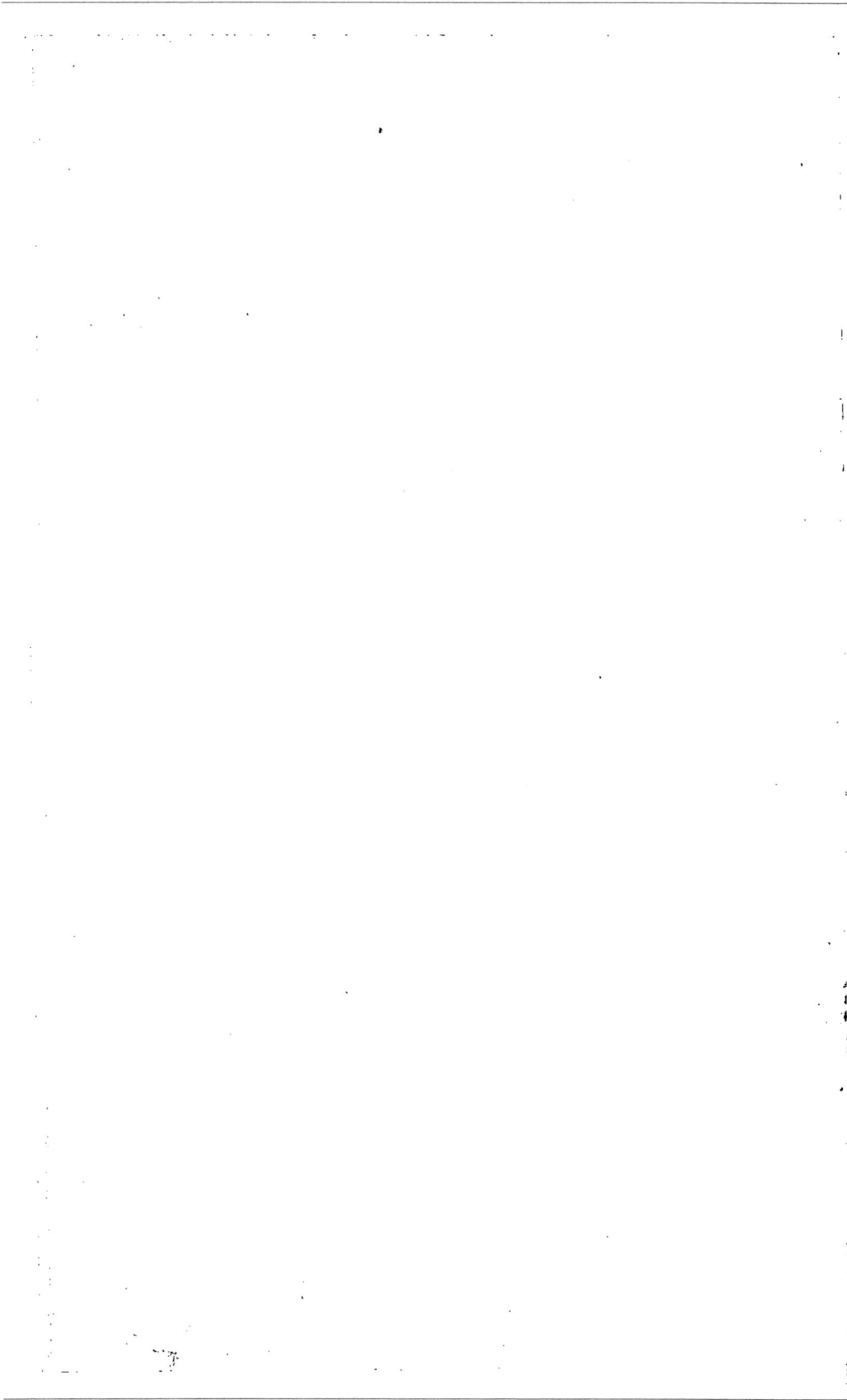

Romans, Contes et Nouvelles.

1.	About. E —	Le cas de M. Guérin.	1 v.
2.		Madelon.	1 v.
3.		Les vacances de la comtesse.	1 v.
4.		Lettres d'un bon jeune homme à sa cousine Madeleine.	1 v.
5.		Alsace.	1 v.
6.		Le roman d'un brave homme.	1 v.
7.		Le nez d'un notaire·	1 v.
8.		Le mari imprévu.	1 v.
9.		L'imfâme.	1 v.
10.		Les mariages de province.	1 v.
11.		Le marquis de Lanrose.	1 v.
12.		Le turco.	1 v.
13.		Le roi des montagnes.	1 v.
14.		Les mariages de Paris.	1 v.
15.	Achard, A. —	Histoire d'un homme.	1 v.
16.		Récits d'un soldat.	1 v.
17.		Belle-Rose.	1 v.
18.		Les coups d'épée de M.de la Guerche.	2 v.
19.	Ainsworth. —	Les gentillhommes des grandes routes.	1 v.
20.	Aldrich.—	Le crime de Stilwater.	1 v.
21.	Almbert, d' —	Flânerie parisienne aux Etats-Unis.	1 v.
22.	Amero. —	Contes émouvants.	1 v.
23.	Andersen. —	Contes.	1 v
24.		L'homme de neige.	1 v.
25		Le camarade voyage.	1 v,
26.		Le coffre volant.	1 v.
27.		La vierge des glaciers.	1 v,
28.		Valdemar Daae.	1 v.
29.	Ash, Cesse d', —	La marquise sanglante.	1 v.
30.	Assolant, —	Avantures merveilleuses du capitaine Corcoran,	2 v.
31.		Une ville de garnison.	1 v.
32.		Histoire fantastique du célèbre Pierrot.	1 v.
33	Aubin. —	Les petits maraudeurs.	1 v.
34.	Aubryet. —	Madame ou mademoiselle. .	1 v.
35.	Balleydier. —	Veillées militaires.	1 v.
36.	Balzac, de. —	Honorine.	1 v.
37.		César Birotteau.	1 v.

38. Baur, Me de. — Nouveaux contes pour les enfants. 1 v.
39. Beauvoir, de. - Duels et duellistes. 1 v.
40. Les trois Rohans. 1 v,
41. Beecher-Stowe. - La case de l'oncle Tom. 1 v.
42. Nouvelles américaines. 2 v.
43. Bessier. — Le galoubet. 1 v.
44. Bentzon. — Récits de tous les pays 1 v.
45. Bernard, de. — Nouvelles et mélanges. 1 v.
46. Bernardin de Saint-Piere. — Paul et Virginie 1 v.
47. Berthet, E. — Le château de Montbrun. 1 v.
48. Les houilleurs de Polignies. 1 v.
49. Le mûrier blanc. 1 v.
50. La bête du Gévaudan. 1 v.
51. Antonia. 1 v.
52. L'homme des bois. 1 v.
53. Beyschlag. — Souvenirs d'un jeune pasteur. 1 v.
54. Blandy. — La benjamine. 1 v.
55. Le procès de l'absent 1 v.
56. La dernière chanson. 1 v.
57. Pierre de touche. 1 v.
58. Blaze. — Le chasseur au chien d'arrêt. 1 v.
59. Boissonnas. — Une famille pendant la guerre. 1 v.
60. Bombonnel — Le tueur de panthères. 1 v.
61. Bonhomme. — Deux mariages. 1 v.
62 Borghrave, de. — Scèns intimes. 1 v.
63. Bouilly. — Les encouragements de la jeunesse. 1 v.
64. Bourdon, Me. — La vie réelle. 1 v.
65. Braddon. Miss. - Lady Lisle. 1 v.
66. Bremer, Mlle. — La vie de famille dans le nouveau Monde. 1 v.
67. Les voisins.
68. Les filles du président. 1 v.
69. Le foyer domestique. 1 v.
70. Bret-harte. — Récits californiens. 1 v.
71. Nouveaux récits californiens. 1 v.
72. Caballero. — Nouvelles andalouses. 1 v.
73. Caccianiga. — Les délices du far-niente. 1 v.
74. Carey-Brock. Me- Charité belstone. 1 v.
75. Carraud, Me. — Le livre des jeunes filles. 1 v.
76. Une servante d'autrefois. 1 v.
77. Cassan, Me. — Le roi des Jacques 1 v.
78. Castellane, de. — Souvenirs de la vie militaire. 1 v.
79. Célières, Paul. - Contez-nous cela. 1 v.
80. Les chefs-d'œuvre de papa Schmeltz 1 v.
81. Cervantès — don Quichotte. 2 v.
82. dhampfleury. — Le violon de faïence. 1 v.

83		M. de Boid'hiver.	1 v.
84.		Chien caillou.	1 v.
85.		Les bourgeois de Molinchard.	1 v.
86		La succession le Camus.	1 v.
87.	Chandeneux, Me de. —	La dot réglementaire.	1 v.
88.	Chasteau. —	L'orpheline.	1 v.
89.	Chateaubriand.-	Atala-René	1 v.
90.		Les martyrs.	1 v.
91.	Cherbuliez. —	L'idée de Jean Téterol.	1 v.
92.		Samuel Brohl et Cie	1 v.
93.		K'aventure de Ladislas Bolski	1 v.
94		Prosper Randoce.	1 v.
95.		Un cheval de Phidias.	1 v.
96.		Olivier Maugant.	1 v.
97.		Le roman d'une honnête femme.	1 v.
98		Le fiancé de Mlle Saint-Maur.	1 v
99.		Paule Méré.	1 v.
100.		Le comte Kostia.	1 v.
101.		La revanche de Joseph Noirel.	1 v.
102.	Claretie. —	Candidat.	1 v.
103.		La débâcle.	1 v.
104.		La mansarde.	1 vs
105.	Clayton. —	Amour sacaé de la patrie.	1 e.
106.	Colomb. Me. —	Sabine.	1 v.
107.		Le violoneux de la Sapinière.	1 v.
108.		Les deux mères.	1 v.
109.	Colombey. —	Les originaux de la dernière heure	1 v.
110.	Conscience —	Le jeune docteur.	1 v.
111.		La tombe de fer	1 v.
112.		Le tribun de Gand,	2 v.
113.		Les veillées flamandes.	1 v.
114.		Le conscrit.	1 v.
115.		La pièce de vingt francs.	1 v.
116.		Scènes de la vie flamande.	2 v.
117.	Cooper. —	Œuvres complètes.	3 v.
118.		Le corsaire rouge.	1 v.
119.		Les deux amiraux	1 v.
120.		Précaution,	1 v.
121.		Mercédès de Castille.	1 v.
122.		Les Puritains.	1 v.
123.		La prairie	1 v.
124.		Les monicains.	1 v.
125.		Le cratère.	1 v.
126.		L'espion.	1 v.
127.		Ravensnest.	1 v.
128.		Les lions de mer.	1 v.

129.		Le dernier des Mohicans.	1 v.
130.		Les mœurs du jour.	1 v.
131.		Le bravo.	1 v.
132		Lionel Lincoln.	1 v.
133.		Le porte-chaîne	1 v.
134.		Le feu follet.	1 v.
135.		Lucie Harding.	1 v.
136.		Le lac Ontario.	1 v.
137.		Le Pilote.	1 v.
138.		Le bourreau de Berne.	1 v.
139.		L'écumeur de mer,	1 v
140.		Le paquebot.	1 v.
141.		Satantoë.	1 v.
142.		Le tueur de daims.	1 v
143.		L'heidenmauer.	1 v.
144.		Eve Effingham.	1 v.
145.		A bord et à terre.	1 v
147.		Wyandotté.	1 v.
148	Craddoch. —	Le prophète des montagnes fumeuses.	1 v.
149.	Craven, Me. —	Récit d'une sœur.	2 v.
150.		Anne Sévérin.	1 v.
151		Fleurange.	2 v.
152	Cummins, Miss -	Les cœurs hantés.	1 v.
153.		L'allumeur de réverbères.	1 v.
154.	Currer-Bell. —	Jane Eyre.	1 v
155.	Dash, Cesse. —	Le souper des fantômes.	1 v.
156.		Le roman d'une héritière	1 v
157.	Daudet, A. —	Fromond jeune et Risler aîné.	1 v.
158.		L'Immortel.	1 v.
159.		Le petit chose.	1 v.
160.		La belle Nivernaise.	1 v.
161.		Souvenirs d'un homme de lettres.	1 v.
162.		Lettres de mon moulin.	1 v.
163.		Tartarin de Tarascon.	1 v
164.		Tartarin sur les Alpes.	1 v.
165.		Les rois en exil.	1 v.
166.	Daudet. —	Jourdan, coupe-tête.	1 v.
167.	Delécluze. —	Justine de Liron.	1 v.
168.	Delisse-Morin. -	Histoire d'une famille bordelaise.	1 v.
169.	Delpit, A. —	Solange de Croix St-Luc.	1 v.
170.	Deslys. —	La balle d'Iéna.	1 v.
171		Récits de la grève.	1 v.
172.	Des Essarts.	Les cœurs dévoués.	1 v.
173.	Dickens.	David Copperfield.	1 v.
174.		Nicolas Nickleby.	2 v.
175.		Contes de Noël.	2 v.

176. Les aventures de Pickwick 2 v.
177. Les temps difficiles. 1 v.
178. Vie et aventures de Martin Chuzzlewitt. 2 v.
179. Olivier Twist. 1 v.
180. Le magasin d'antiquités. 2 v.
181. Disraeli. — Sybil. 2 v.
182. Drumont, E. — Le dernier des Trémolin. 1 v.
183. Du Camp, M.— Mémoires d'un suicidé. 1 v.
184. Du Campfranc - Le balcon de la Chênaie. 1 v.
185. La dot de Germaine. 1 v.
186. Dumas, A. — Amaury. 1 v.
187. Ange Pitou. 2 v.
188. Ascanio 2 v.
189. Une aventure d'amour. 1 v.
190 Aventures de John Davys. 2 v.
191. Le bâtard de Mauléon. 3 v.
192. Black. 1 v.
193. Le capitaine Pamphile. 1 v.
194. Catherine Blum. 1 v.
195. Causeries 2 v.
196. Charles le Téméraire. 2 v.
197. Le chasseur de sauvagine. 1 v.
198. Le chevalier d'Harmental. 2 v.
199. Le chevalier de Maison-Rouge. 2 v.
200. Le collier de la reine. 3 v.
201. Les compagnons de Jehu. 3 v.
202. Monte-Cristo. 6 v.
203. La comtesse de Charny. 6 v.
204. Le docteur mystérieux. 2 v
205. La fille du marquis. 2 v.
206. La dame de Monsoreau. 3 v.
207. La dame de volupté. 2 v.
208. Les deux Diane. 3 v.
209. Les deux reines. 2 v.
210. La femme au collier de velours. 1 v.
211. Fernande. 1 v.
212. Une fille du régent, 1 v.
313. Les frères corses. 1 v.
214. Georges. 1 v.
215. Histoire d'un casse-noisette. 1 v.
216. Impressions de voyage, Rhin. 2 v.
217. Impressions de voyage. 2 v.
218. Impressions de voyage. 3 v.
219 Le coricolo. 2 v.
220. Le maître d'armes 1 v.
221. Les mariages du père Olifus. 1 v.

222.		Mémoires de Garibaldi.	2 v.
223.		Joseph Balsamo.	5 v.
224.		Les mille et un fantômes.	1 v.
225.		Les Mohicans de Paris.	4 v.
226.		Le page du duc de Savoie.	2 v.
227.		Les quarante-cinq.	3 v.
228.		La reine Margot.	2 v.
229.		Le Salteador.	1 v.
230.		Salvator.	5 v.
231.		Sylvandire.	1 v.
232.		Le testament de M. Chauvelin	1 v.
233.		Les trois mousquetaires.	2 v.
234.		La tulipe noire.	1 v.
235.		Le vicomte de Bragelonne.	6 v.
236.		Vingt ans après.	3 v.
237.	Dumas, A. fils.-	La dame aux camélias.	1 v.
238.		Diane de Lys.	1 v.
239.		La dame aux Perles.	1 v.
240.		Le docteur Servans.	1 v
241.	Du Vallon. —	La comtesse Xénie.	1 v.
242.		Le mari de Simone,	1 v.
243.	Enault. —	La vierge du Liban.	1 v.
244.		Hermine.	1 v.
245.		Le baptême de sang.	2 v.
246.		Christine.	1 v.
247.		La pupille de la légion d'honneur.	2 v.
248.		Les perles noires.	1 v.
249.	Erckmann-Chatrian. —	Le blocus.	1 v.
350.		Histoire d'un homme du peuple.	1 v.
251.		L'invasion.	1 v.
252.		Le docteur Matheus.	1 v.
253.		Contes des bords du Rhin.	1 v.
254.		Maître Daniel Roch.	1 v.
255.		La maison forestière.	1 v.
256.		Histoire d'un sous-maître	1 v.
257.		Histoire d'un conscrit de 1813.	1 v.
258.		Histoire d'un paysan.	1 v.
259.		Le brigadier Frédéric.	1 v.
260.		Le fou Yégof.	1 v.
261.		Confidences d'un joueur de clarinette	1 v.
262.		Me Thérèse.	1 v.
263.	Excoffon. —	Le courrier de Lyon.	1 v.
364.	Eyma. —	Le roi des tropiques.	1 v.
265.		Le trône d'argent.	1 v.
266.	Ferry, Gabriel.-	Les aventures du capitaine Castanos.	1 v.

267.		Costal l'Indien.	1 v.
268.		Le coureur des bois.	2 v.
269.	Feuillet, Oct. —	Sibylle,	1 v.
270.		Monsieur de Camors.	1 v.
271.		Le roman d'un jeune homme pauvre.	1 v.
272.	Féval, Paul. —	Aimée.	1 v.
373.	Fezenzac, de —	Souvenirs militaires. Voir II. 78.	1 v.
274.	Flaubert, G. —	Salammbô.	1 v.
275.	Fleuriot, Zénaïde. —	Le petit chef de famille.	1 v.
276.	Foé, Daniel de.-	Robinson Crusoé.	2 v.
377.		Robinson Crusoé.	1 v.
278.	Forville, de —	Conscrit de l'an XIII.	1 v.
279.	Foucher Paul. -	La vie de plaisir.	1 v.
280,	Freytag. —	Doit et avoir.	3 v.
281	Fromentin. —	Dominique.	1 v.
282.	Galland. —	Les mille et une nuits.	1 v.
283.	Gandon. —	Le grand Godard.	1 v.
284.		Les 32 duels de Jean Gigon.	1 v.
285.	Gaskell, E. —	La cousine Phillis.	1 v.
286.	Gautier, Th. —	Le capitaine Fracasse.	2 v.
287.		Ménagerie intime.	1 v.
288.		Les Jeune-France.	1 v.
289.	Gay, Sophie. —	Un mariage sous l'empire.	1 v.
290.	Gérard, Jules -	Voyages et chasses.	1 v.
291.	Gerstaecker. —	Les deux convicts.	1 v.
292.		Les pirates du Mississipi.	1 v.
293.	Gevin-Cassal. -	Souvenirs du Sundgau.	1 v.
294.	Girardin, J. —	Miss sans cœur.	1 v.
295.		Le locataire des d[lles] Rocher.	1 v.
296.		Les épreuves d'Etienne.	1 v.
297.		Les braves gens.	1 v.
298.		Les théories du docteur Würtz.	1 v.
299.		Récits et menus propos.	1 v.
300.	Girardin, Me E. de. —	Nouvelles.	1 v.
301.		La croix de Berny.	1 v.
302.	Girardin E.de.-	Emile.	1 v.
303.	Glouvet. —	Histoires du bon vieux temps.	1 v.
304	Gœthe. —	Werther.	1 v.
305.	Gogol. —	Tarass, Boulbas.	1 v.
306.	Goldsmith —	Le vicaire de Wakefield.	1 v.
307.	Gouraud, Julie -	Les enfants de la ferme	1 v.
308.	Gramont, de. —	Les gentilshommes pauvres.	1 v.
309.		Les gentilshommes riches.	1 v.
310.	Gréville. —	Marier sa fille.	1 v.

311.		Sonia.	1 v.
312.		Bonne-Marie.	1 v.
313.		Le moulin Frappier.	2 v.
314.	Grimm, f^{res}. —	Contes choisis.	1 v.
315.	Guéroult. —	Le juif de Gand.	1 v.
316.	Guerrier de Haupt, M^{lls}. -	Marthe.	1 v.
317.	Gustafsson. —	Autour du poële.	1 v.
318.	Hacklænder. —	La vie militaire en Prusse.	4 v.
319.	Halévy, L. —	L'abbé Constantin.	1 v.
320.		L'invasion.	1 v.
321.	Haller. —	Le sphinx aux perles.	1 v.
322.	Halt, Robert. =	Brave garçon.	1 v.
323.	Halt, Robert, Marie. —	Histoire d'un petit homme.	1 v.
324.		La petite Lazare.	1 v.
325.	Hauff. —	La caravane.	1 v.
326.	Haupt, Marie de. —	Le bonheur et l'argent.	1 v.
327.	Hawthorne. —	La maison aux sept pignons.	1 v.
328.		La lettre rouge.	1 v.
329		Le livre des merveilles.	1 v.
330.	Hayes. —	Perdus dans les glaces.	1 v.
331.	Hildebrand. —	La chambre obscure.	1 v.
332.	Hoffmann. —	Contes fantastiques.	1 v.
333.	Houssaye. -	Voyages humoristiques	1 v.
334.		Le violon de Franjolé.	1 v.
335.	Hugo, Ch. —	Le cochon de Saint-Antoine.	1 v.
336.		Les hommes de l'exil.	1 v.
337.	Hugo, Victor. -	Bug-Jargal.	1 v.
338.		Han d'Islande.	1 v.
339.		Les misérables.	8 v.
340.		Notre Dame de Paris.	2 v.
341.		Quatre-vingt treize.	2 v.
342.		Les travailleurs de la mer.	2 v.
343	Janin, Jules. —	Le talisman.	1 v.
344.	Immermann. —	Les paysans de Westphalie.	1 v.
345.	Jacolliot. —	Voyage aux pays mystérieux.	1 v.
346.	Joliet. —	L'envers d'une campagne.	1 v.
347.	Jonchère. —	Clovis Bourbon.	1 v.
348.	Julien. —	Les deux cousines.	1 v.
349	Karr, A —	Voyage autour de mon jardin.	1 v.
350.		La famille Alain.	1 v.
351.		Les femmes.	1 v.
352.	Laboulaye. —	Souvenirs d'un voyageur.	1 v.
353.		Abdallah ou le trèfle à 4 feuilles	1 v.
354.	Lafarge, M^{e}. —	Heures de prison.	1 v.

355.	Lafayette, M[e] de. —	La princesse de Clèves.	1 v.
356.		Romans et nouvelles.	1 v.
357.	Lalaing, de. —	Mlle Bréval.	
358.	Lamartine. —	Raphaël.	1 v.
359.		Le tailleur de pierres de St-Point.	1 v.
360.	Landelle, de la. -	Mœurs maritimes.	1 v.
361.		Naufrages et sauvetages.	1 v.
362.	Langlois. —	Histoire d'un prisonnier d'Abdel-Kader.	1 v.
363.	Lefebvre. -	Paris en Amérique.	4 v.
364.	Lemercier —	Les derniers jours de Pompéi.	1 v.
365.	Le Sage —	Les aventures du chevalier de Beauchêne.	1 v.
366.		Estévanille Gonzalès.	1 v.
367.		Aventures de Gil Blas de Santillane.	1 v.
368	Lionnet, Marie -	La fille du philosophe.	1 v.
369.	Lomon. —	Captivité des amiraux Bonard et Bruat.	1 v.
370.	Loti, Pierre. —	Le roman d'un spahi.	1 v.
371.		Mon frère Yves.	1 v.
372.		Propos d'exil.	1 v.
373.	Lytton. —	Les derniers jours de Pompéi.	1 v.
374.	Mac-Intosch, Miss. —	Contes américains.	2 v.
375.	Maistre, X de. -	Œuvres choisies.	1 v.
376.		Œuvres complètes.	1 v.
377.	Maizeroy. —	La dernière croisade.	1 v.
378.	Malot, Hector. -	Cara.	1 v.
379.		Séduction.	1 v.
380.		Une bonne affaire.	1 v.
381.		Marichette.	2 v.
382.		Sans famille.	2 v.
383.		La petite sœur.	2 v.
384.	Malraison, M[e]. -	Nelly des allouettes.	1 v.
385.	Manzoni. —	Les fiancés.	1 v.
386	Marcel, Et. —	Elle et moi.	1 v.
387.		Pile ou face	1 v.
388.		Dymitr' le cosaque.	1 v.
389.		La future du baron Jean.	1 v.
390.		Les aventures d'André.	1 v.
391.		La famille du baronnet.	2 v.
392.	Marcel, Jean[e]. -	Le clos Chantereine.	1 v.
393.	Maréchal, Mlle. -	Madeleine Green.	1 v.
394.		Un mariage à l'étranger.	1 v.
395.		L'hôtel Woronzoff.	1 v.
396.		La roche noire.	1 v.

397.	Marlitt. —	Elisabeth aux cheveux d'or.	2 v.
398.		La petite princesse des bruyères.	2 v.
399.		Chez le conseiller.	2 v.
400.		Gisèle.	2 v.
401.		Le secret de la vieille demoiselle.	2 v.
402.		La servante du régisseur.	1 v.
403.		La maison des hiboux.	2 v.
404.		Barbe bleue	1 v.
405.		La maison Schilling.	2 v.
406.		La dame aux pierreries.	2 v.
407.	Marmier. —	L'avare et son trésor.	1 v.
408.		Les fiancés du Spitzberg.	1 v.
409.		Les hasards de la vie.	1 v.
410.		Le roman d'un héritier.	1 v.
411.		Histoire d'un pauvre musicien.	1 v.
412.		Mémoires d'un orphelin.	1 v.
413.		De l'est à l'ouest.	1 v.
414.	Maryan. —	L'erreur d'Isabelle.	1 v.
415.		Le manoir des célibataires.	1 v,
416.		Les rêves de Marthe.	1 v.
417.		Une nièce d'Amérique.	1 v.
418.		La faute du père.	1 v.
419.		Annie.	1 v.
420.		Huberte.	1 v.
421.		L'héritage de Paule.	1 v.
422.		Ellen-Gordon.	1 v.
423.	Masson. —	Le dévouement.	1 v.
424.	Mayne-Reid. —	Les peuples étranges.	1 v.
425.		Les planteurs de la Jamaïque.	1 v.
426.		Les robinsons de terre ferme.	1 v.
427.		Bruin ou le chasseur d'ours.	1 v.
428.		A fond de cale.	1 v.
429.		Les veillées de chasse.	1 v.
430.		Les vacances des jeunes Boërs.	1 v.
431.		L'habitation du désert.	1 v.
432.		William le mousse.	1 v.
433.		Le gantelet blanc.	1 v.
434.		Les jeunes esclaves.	1 v.
435.		Le désert d'eau.	1 v.
436.		Les chasseurs de girafes.	1 v.
437.	Mérimée. —	Carmen.	1 v.
438.		Colomba.	1 v.
439.		Chronique du règne de Charles IX.	1 v.
440.	Mérouvel. —	Une nuit de noce.	1 v.
441.	Méry. —	Les nuits d'Orient.	1 v.
442.		Héva.	1 v.
443.		Contes et nouvelles.	1 v.

444. La Floride. 1 v.
445. La guerre du Nizam. 1 v.
446. Marseille et les Marseillais. 1 v.
447. Meurice, Paul.- Les tyrans de village. 1 v.
448. Molènes, de. — Aventures des temps passés. 1 v.
449 Histoires sentimentales et militaires. 1 v.
450. Müller. — La Mionette. 1 v.
451. Récits champêtres. 1 v.
452. Murger, H. — Le sabot rouge. 1 v.
453. Le dernier rendez-vous. 1 v.
454. Musset, A. de - La bavolette. 1 v.
455. Nadaud, G. — Une idylle. 1 v.
456. Nerval G. de. - Souvenirs d'Allemagne. 1 v.
457. Nodier, Ch. — Contes fantastiques. 1 v.
458. Contes. 2 v.
459. Romans. 1 v.
460. Souvenirs de jeunesse. 1 v.
461. Noël, lady. — Un lâche 1 v.
462. Noir, Louis. — L'auberge maudite. 1 v.
463. Noriac, J. — Le grain de sable. 1 v.
464. La bêtise humaine. 1 v.
465. Ohnet, G - Le maître de forges. 1 v.
466. Les dames de Croix-Mort. 1 v.
467. La grande marnière. 1 v.
468. Ourliac. — Dernières nouvelles 1 v.
469. Pelletan, E. — La naissance d'une ville. 1 v.
470. Jarousseau, le pasteur du désert. 1 v.
471. Pellico, Sylvio.- Mes prisons. 1 v.
472. Petitbon. — Les originaux à Vichy. 1 v.
473. Petit de la Croix-Les mille et un jours. 1 v.
474. Poë, Edgard — Contes extraordinaires. 1 v.
475. Histoires extraordinaires. 1 v.
476. Nouvelles histoires extraordinaires. 1 v.
477. Ponson du Terrail. — Le serment des hommes rouges. 2 v.
478. Porchat. — Trois mois sous la neige 1 v.
479. Les colons du rivage. 1 v.
480. Pouschkine. — La fille du capitaine. 1 v.
481. Pressensé, Me de. — Rosa. 1 v.
482. Ralston. — Contes populaires de la Russie 1 v.
483. Raousset-Boulbon. — Une conversion. 1 v.
484. Raymond, Me E.-Aide-toi, le ciel t'aidera. 1 v.
485. Les rêves dangereux 1 v.
486. A quelque chose malheur est bon. 1 v.
487. Renaut. — Histoire de quatre fous et d'un sage. 1 v.

488.	Reybaud. —	Jérôme Paturot.	1 v.
489.		Pierre Mouton.	1 v.
490.		Marie Brontin.	1 v.
491.	Rivière, Henri.-	Aventures de trois amis.	1 v.
492.		Pierrot-Caïn.	1 v.
493.	Robert, Clémence. —	Sœur Marthe.	1 v.
494.	Roger, Aristide.-	Voyage sous les flots.	1 v.
495.	Saintine. —	Picciola.	1 v.
496.		Le chemin des écoliers.	1 v.
497.		Seul !	1 v.
498.	Salières. —	Une poignée de héros.	1 v.
499.	Sand, George. -	Promenades autour d'un village.	1 v
500.		Le marquis de Villemer.	1 v.
501.		Indiana.	1 v.
502.		Simon.	1 v.
503.		Narcisse	1 v.
504.		Valvrède.	1 v.
505.		Teverino.	1 v.
506.		L'uscoque.	1 v.
507.		La petite fadette.	1 v.
508.		La mare au diable.	1 v.
508 bis.		François le champi.	1 v.
509.		Histoire de ma vie.	4 v.
519.		Contes d'une grand'mère.	1 v.
511.	Sandeau, Jules.-	Madeleine.	1 v.
512.		La maison de Pénarvan.	1 v.
513.		Un début dans la magistrature	1 v.
514.		Me de Sommerville.	1 v.
515.		Fernand.	1 v.
516.		Catherine.	1 v.
517.		Sacs et parchemins.	1 v.
518.		Jean de Thommeray.	1 v.
519.		Le docteur Herbeau.	1 v.
520.		Mlle de la Seiglière	1 v.
520 bis.		Nouvelles.	1 v
521.	Sarcey. —	Les misères d'un fonctionnaire chinois.	1 v.
522.	Schmid. —	190 contes pour les enfants	1 v.
523.	Schwartz. —	La veuve et ses enfants.	1 v.
524.	Scott, Walter. -	Waverley.	1 v.
525.		Guy-Mannering.	1 v
526.		Charles le téméraire.	1 v.
527.		Le jour de la St-Valentin.	1 v.
528.		Péveril du Pic.	1 v
529.		Kenilworth.	1 v.
530.		Les aventures de Nigel.	1 v.

531. Quentin Durvard. 1 v.
532 Le monastère. 1 v.
533. La fiancée de Lamermoor. 1 v.
534. Ivanhoë. 1 v.
535. Ségur, Me de. - Les enfants d'aujourd'hui. 1 v.
536. François le bossu 1 v.
537. La fortune de Gaspard. 1 v.
538. Les deux nigauds. 1 v.
539. Sirven. — Etiennette. 1 v.
540. Soulié, Fr. — Les mémoires du diable. 3 v.
541. Souvestre, E. - Les anges du foyer. 1 v.
542. Le monde tel qu'il sera. 1 v.
543 Récits des Alpes. 1 v.
544. Souvenirs d'un bas-breton. 2 v.
545. Pendant la moisson. 1 v.
546. Sous les filets. 1 v.
547. Causeries historiques. 1 v.
548. Un philosophe sous les toits. 1 v.
549. Trois mois de vacances. 1 v.
550. Au coin du feu. 1 v.
551. Le mât de cocagne. 1 v.
552. Les derniers bretons. 2 v.
553. Histoires d'autrefois. 1 v.
554. Les clairières. 1 v.
555. Au bord du lac. 1 v.
556. En quarantaine. 1 v.
557. Le mendiant de St-Roch. 1 v.
558. Dans la prairie. 1 v.
559. Loin du pays. 1 v.
560 Confessions d'un ouvrier. 1 v.
561. Les soirées de Meudon. 1 v.
562. Souvenirs d'un vieillard. 1 v.
563. La goutte d'eau. 1 v.
564. Promenades matinales. 1 v.
565. Deux misères. 1 v.
466. Riche et pauvre 1 v.
567. Chroniques de la mer, 1 v.
568 Le pasteur d'hommes. 1 v.
569. Stahl. — Histoire d'un homme enrhumé. 1 v.
570. Histoire d'un prince et d'une princesse. 1 v.
571 La famille Chester. 1 v.
572. Maroussia. 1 v.
573. Les histoires de mon parrain. 1 v.
574. Histoire d'un âne et de deux jeunes filles.
575. Histoire d'une famille hollandaise. 1 v.

576. Stapleaux. — Le château de la rage. 1 v.
577. Stoltz, Me de - Blanche et noire. 1 v.
578. Les poches de mon oncle. 1 v.
579. Par dessus la haie. 1 v.
580. Sue, E. — La clochette d'airain. 1 v.
581. La grande dame. 1 v.
582. Thackeray. — La foire aux vanités. 2 v.
583. Henri Esmond. 2 v.
584. Histoire de Pendennis. 3 v.
585. Le livre des Snobs. 1 v.
586. Theuriet. — Le bracelet de turquoise. 1 v.
587. Lucile Désenclos. 1 v.
588. Le mariage de Gérard. 1 v.
589. La maison des deux barbeaux. 1 v.
590. Tissot — Aventures de corps de garde. 1 v.
591. Tolstoï, Cte. — Ivan l'imbécile. 1 v.
592. Le roman du mariage. 1 v.
593. Les cosaques. 1 v.
594. Tœpffer. — Nouvelles génevoises. 1 v.
595. Rosa et Gertrude. 1 v.
596. Le presbytère. 1 v.
597. Réfléxions et menus propos d'un peintre. 1 v.
598. Toudouze. — Madame Lambelle. 1 v.
599. Tourgueneff. - Père et enfants. 1 vl
600. Une nichée de gentilshommes. 1 v.
601. Premier amour. 1 v.
602 Trouessart Mlle.-Aveugle. 1 v.
603. Seule. 1 v.
604. Deux fiancés. 1 v.
605. Uchard, Mario.- Mlle Blaizot. 1 v.
606. Ulbach, Louis.- M. et Mme Fernel. 1 v.
607. Suzanne Duchemin. 1 v.
608. Valtine, Alix de. — Sans foyer. 1 v.
609. Van de Wiele, Me. — Filleul de roi. 1 v.
610. Webb, Me — Naomi. 1 v.
611 Verne, Jules. - Hector Servadac. 1 v
612. La maison à vapeur. 2 v.
613. Le docteur Ox. 1 v.
614. Les naufragés de l'air. 1 v.
615. L'abandonné. 1 v.
616. Les enfants du capitaine Grant. 3 v.
617. Le pays des fourrures. 2 v.
618. Le secret de l'île. 1 v.
619. L'école des Robinsons. 1 v.

620.	Verne, Jules.—	La Jangada.	2 v.
621.		Le rayon vert.	1 v.
622.		Robur le conquérant.	1 v.
623.		Kéraban le têtu.	2 v.
624.		L'étoile du Nord.	1 v.
625.		Aventures de trois russes et de trois anglais.	1 v.
626		Vingt mille lieues sous les mers.	2 v.
627.		Les anglais au pôle Nord.	1 v.
628.		Voyage au centre de la terre.	1 v.
629.		Le désert de glace.	1 v.
630		Le tour du monde en 80 jours.	1 v.
631.		Michel Strogoff.	2 v.
632		Nord contre Sud.	2 v.
633.		Le capitaine de 15 ans.	2 v.
634.		Le chemin de France	1 v.
635	Véron, docteur.-	500,000 francs de rente.	1 v.
636.	Wey, Francis.-	Le bouquet de cerises.	1 v.
637.		Trop heureux.	1 v.
638	Vignon. —	Récits de la vie réelle.	1 v.
639.	Vigny, A. de. –	Servitude et grandeur militaire.	1 v.
640.		Stello.	1 v.
641.	Wilson. —	Franck Oldfield.	1 v.
642.	Wiseman, Cardinal. —	Fabiola.	1 v.
643.	Witt, Me de. —	Tout simplement.	1 v.
644.	Wyss. —	Le robinson suisse.	2 v.
645.	Anonymes	La famille Spenser.	1 v.
646.		La fleur de famille.	1 v.
647.		Le ministère de l'enfance.	1 v.
648.		Le petit duc.	1 v.
649.		Le donjon de Vincennes.	1 v.
650.		L'ami de la jeunesse, 1868.	1 v.

Littérature

1.	About. —	Gætana.	1 v.
2.		Théâtre impossible.	1 v.
3.		Causeries.	2 v.
4.		Le panthéon de la fable.	1 v.
5.	Aicard. —	Miette et Noré.	1 v.
6.	Albert, Paul —	La prose.	1 v.
7.		La poésie.	1 v.
8.	Ampère. —	Correspondance et souvenirs.	1 v.
9.	Arioste, l'. –	Roland furieux.	2 v.
10.	Augier. —	Les effrontés.	1 v.
11.	Autran. —	La vie rurale	1 v.
12.	Barrière. —	Malheur aux vaincus	1 v.
13.	Bataillard. —	L'âne glorifié.	1 v.
14.	Belmontet. —	Poésie des larmes.	1 v.
15.	Béranger. —	Le Béranger des familles.	1 v.
16.	Bernard, de. —	Poésies et théâtre.	1 v.
17.	Bernardin de St.-Pierre. —	Œuvres choisies.	1 v.
18.	Blaze de Bury. —	Al. Dumas sa vie, ses œuvres.	1 v.
19.	Boileau. —	Œuvres.	1 v.
20.		Œuvres complètes.	2 v.
21.	Bornier, de. —	La fille de Roland.	1 v.
22.	Bossuet. —	Sermon sur la parole de Dieu.	1 v.
23.		Oraisons funèbres.	1 v.
24.	Bouillier. —	Eloges de Fontenelle.	1 v.
25.		Du plaisir et de la douleur.	1 v
26.	Brizeux. —	Les bretons.	1 v.
27.	Brown, Jane —	Répertoire de Shakespeare.	1 v
28.	Brunetière. —	Etudes critiques.	1 v.
29.		Nouvelles études critiques.	1 v.
30.	Calderon. —	Théâtre.	1 v.
31.	Caro. —	Etudes morales sur les temps présents.	1 v.
32.		Les jours d'épreuve 1870-71.	1 v.
33.	Caussade. —	Histoire de la littérature grecque.	1 v.
34.		Histoire de la littérature latine.	1 v.
35.	Charles, Ph. —	Etudes sur les premiers temps du christianisme.	1 v.
36.		Etudes sur l'Espagne.	1 v.
37.		Etudes sur l'Allemagne au XIXe siècle.	1 v.
38.	Chateaubriand. -	Le génie du christianisme.	3 v.
39.	Chénier, A. —	Œuvres en prose.	1 v.
40.		Poésies.	1 v.

41. Coquelin. — Un poète du foyer. L. Manuel. 1 v.
42. Corneille. — Chefs d'œuvre. 1 v.
43. Théâtre choisi. 1 v.
44. Courier, P.L. — Œuvres. 1 v.
45. Cousin. — Jacqueline Pascal. 1 v.
46. Me de Sablé. 1 v.
47. La société française au XVIIe siècle. 1 v.
48. Me de Chevreuse. 1 v.
49. La jeunesse de Me de Longueville. 1 v.
50. Me de Longueville pendant la Fronde. 1 v.
51. Cuvillier-Fleury.-Etudes et portraits. 2 v.
52. Etudes historiques et littéraires. 2 v.
53. Nouvelles études. 1 v.
54. Dernières études historiques et littéraires. 2 v.
55. Historiens, poètes et romanciers. 2 v.
56. Darmesteter. — Le XVIe siècle en France. 1 v.
57. Démosthène. — Harangue sur les prévaricateurs de l'ambassade. 1 v.
58. Discours contre la loi de Leptine. 1 v.
59. Deschanel. — Etudes sur Aristophane. 1 v.
60. Le romantisme des classiques. 1 v.
61. Despois. — Le théâtre français sous Louis XIV. 1 v.
62. Douillon, Me. — Les mystères du cœur. 1 v.
63. Du Camp. — Histoire et critique. 1 v.
64. Du Puget, Mlle. - Les fleurs scandinaves. 1 v.
65. Erckmann-Chatrian. — Le juif polonais. 1 v.
66. La guerre. 1 v.
67. L'ami Fritz. 1 v.
68. Euripide. — Trajédies, trad-Artaud. 2 v.
69 Fénelon. — Œuvres choisies. 1 v.
70. Dialogues sur l'éloquence. 1 v.
71. Feuillet, O. — Montjoye. 1 v.
72. Gautier, Th — Les grotesques. 1 v.
73. Gebhardt. — Rabelais. 1 v.
74. Girardin, Me de.- Le chapeau d'un horloger. 1 v.
75. Le vicomte de Launay, 2 ex. 4 v.
76, Gœthe. — Hermann et Dorothée. 1 v.
77. Faust. 1 v.
78. Le second Faust 1 v.
79. Goncourt, E. et J de. — L'art au XVIIIe siècle. 3 v.
80. La femme au XVIIIe siècle. 1 v.
81. Portraits intimes du XVIIIe siècle. 1 v.
82 Gréard — Me de Maintenon, extraits. 1 v.
83. De la morale de Plutarque. 1 v.

84. Grisez-Droz. — Heures de mélancolie. 1 v.
85. Guérin, E. de - Journal. 1 v.
86 Lettres. 1 v.
87. Guérin, M. de.- Journal. 1 v.
88. Guizot. — Lettres à sa famille et à ses amis. 1 v.
89. Heine. — Drame et fantaisie. 1 v.
90. Lutèce. 1 v.
91. Reisebilder. 2 v.
92. De l'Allemagne. 2 v.
93. Homère. — Œuvres complètes. 1 v.
94. Hugo, Victor. - Littérature et philosophie. 1 v.
95. Le pape. 1 v.
96. Torquemada. 1 v.
97. Les enfants. 1 v.
98. Les rayons et les ombres. 1 v.
99. Marion de Lorme. 1 v.
100. Hernani. 1 v.
101. Feuilles d'automne 1 v.
102. Les châtiments. 1 v.
103. La légende des siècles. 4 v.
104. Les orientales. 1 v.
105. Les voix intérieures. 1 v.
106. Odes et ballades. 1 v.
107. L'année terrible. 1 v.
108. Ruy-Blas. 1 v.
109. Les chants du crépuscule. 1 v
110. Cromwell. 1 v.
111. Histoire d'un crime, voir H. 118. 2 v.
112. Shakespeare 1 v.
113 Napoléon le petit, voir H. 119. 1 v.
114. Paris. 1 v.
115. Avant l'exil. 2 v.
116. Pendant l'exil. 2 v.
117. L'œuvre. 1 v.
118. Lucrèce Borgia. 1 v
119. L'art d'être grand père. 1 v.
120. Janin, Jules. — Histoire de la littérature dramatique. 6 v.
121. Juvénal et Perse. — Trad. Despois. 1 v.
122 Karr, A — Les guêpes. 2 v.
123 Laboulaye. — Discours populaires. 1 v.
124. Études morales et politiques. 1 v.
125 La Bruyère. — Les caractères. 1 v.
126. Lamartine. - Extraits de l'œuvre. 1 v.
127. Harmonies poétiques. 1 v.
128. Nouvelles méditations poétiques. 1 v.
129. Jocelyn. 1 v.

130.	Lamartine. —	La chute d'un ange.	1 v.
131.		Souvenirs et portraits.	3 v.
132,		Recueillements poétiques.	1 v.
133.		Lectures pour tous.	1 v.
134.		Les confidences.	1 v.
135.		Nouvelles confidences.	1 v.
136.		Le manuscrit de ma mère.	1 v.
136 bis	Lanfrey. —	Lettres d'Everard	1 v.
137.	Laurent. —	Les légendes de l'Alsace.	1 v.
138.	Laya, L. —	Le duc Job. 2 ex.	1 v.
139.	Leconte de Lisle. —	Poèmes antiques.	1 v.
140.		Poèmes barbares.	1 v.
341.	Legouvé. —	Les pères et les enfants, enfance et adolescence	1 v.
142.		Les pères et les enfants, jeunesse.	1 v.
143.		Une élève de 16 ans.	1 v.
144		Conférences parisiennes.	1 v.
145.		Un jeune homme qui ne fait rien.	1 v.
146		Béatrix.	1 v.
147	Lenient. —	La satire en France au moyen âge.	1 v.
148.	Le Sage. —	Théâtre et mélanges.	1 v.
149.	Leser, Ch. et P. —	Les chants du pays.	1 v.
150.	Lessing. —	Nathan le sage.	1 v.
151.		Théâtre complet	2 v.
152.	Lévy-Bing. —	Méditations religieuses.	1 v.
153.	Littré. —	Histoire de la langue française	2 v.
154.	Lucien. —	Œuvres.	2e v.
155.	Lucrèce. —	Morceaux choisis.	1 v.
156.	Mac-Pherson. —	Ossian.	1 v.
157.	Malherbe. —	Œuvres poétiques, 2 ex.	1 v.
158.	Martha. —	Les moralistes sous l'empire romain.	1 v.
159.	Mennechet. —	Matinées littéraires.	3 v.
160.	Mézières —	Prédécesseurs et contemporains de Shakespeare	1 v.
161.		Shakespeare, ses œuvres et ses critiques.	1 v.
162.		Contemporains et successeurs de Shakespeare.	1 v.
163.	Michelet. —	L'oiseau	1 v.
164.		L'insecte.	1 v.
165.		La sorcière, 2 ex.	1 v.
166.		Ma jeunesse.	1 v.
167	Mistral. —	Mireille.	1 v.
168.	Moguel, dom. —	Caldéron et Gœthe.	1 v.
169.	Molière. —	Théâtre choisi	1 v.
170.		Œuvres	2 v.

171. Molière. — Théâtre. 1 v.
172. Montaigne. — Les essais. 2 v.
173. Montégut. — Types littéraires, 2 ex. 1 v
174. Nos morts contemporains. 2 v.
174 bis. Morellet. — Cinq jours du siège de Calais 1 v.
175. Musset, de A. — Extraits de l'œuvre. 1 v.
176. Poésies. 1 v.
177. Parnajon. — Histoire de la littérature française. 1 v.
178. Pascal, Ch. — In memoriam. 1 v.
179. Pascal, B. — 1. 4. 13e lettres provinciales 1 v.
180. Patin. — Etudes sur les tragiques grecs. Euripide. 2 v.
181. Etudes sur les tragiques grecs, Sophale. 1 v.
182. Plaute. — Comédies, trad. Sommer. 2 v
183. Ponsard. — Etudes antiques. 1 v.
184. La bourse. 1 v.
185. Prevost-Paradol. — Etudes sur les moralistes français. 1 v.
186. Proudhon. — Les majorats littéraires. 1 v.
187. Quicherat. — Adolphe Nourrit. 3 v.
188. Rémusat, Me de. — 188 lettres. 2 v.
189. Richepin. — Les blasphèmes. 1 v.
190. Richter. — Œuvres diverses 1 v.
191. Rigault, H. — Conversations littéraires. 1 v.
192. Ronsart de. — Choix de poésies. 2 v.
193. Rousseau. — Emile, 2e l. 1 v.
194. Sacy, de. — Variétés littéraires. 2 v.
195. La colombe messagère. 1 v.
196. Sadi. — Gulistan. 1 v.
197. Sainte-Beuve. — Les consolations 1 v.
198. Causeries du lundi. 15 v.
199. Les nouveaux lundis. 13 v.
200. Chateaubriand. 2 v.
201. Portraits contemporains. 4 v.
202. Port-Royal. 6 v.
203. Portraits littéraires. 3 v.
204. Tableau historique et critique de la poésie française. 1 v.
205. St-Marc Girardin. — Cours de littérature dramatique. 5 v.
206. Sand, G. — Autour de la table. 1 v.
207. Souvenirs et impressions littéraires. 1 v.
208. Sardou. — Les vieux garçons. nos intimes 1 v.
209. Les pommes du voisin. 1 v.
210. Nos bons villageois. 1 v.
211. La famille Benoiton. 1 v

212.	Séjour. —	Les volontaires de 1814	1 v.
213.	Servadio, César. —	Leçons de littérature italienne.	1 v.
214.	Sévigné, Me de -	Lettres.	8 v.
215	Shakespeare. -	Les farces.	1 v.
216.		Les amis.	1 v.
217.		Les apocryphes.	3 v.
218.		La patrie.	3 v.
219		La famille.	1 v.
220.		Les jaloux.	1 v.
221.		Les comédies de l'amour.	1 v.
222.		La société.	1 v.
223	Stæl, Me de. —	Corinne.	1 v.
224.	Taine. —	La Fontaine et ses fables.	1 v.
225.		Philosophie de l'art.	2 v.
226		Histoire de la littérature anglaise.	1 v.
227.		Essais de critique.	1 v.
228.		Notes sur Paris.	1 v.
229.		Notes sur l'Angleterre.	1 v.
230.		Nouveaux essais de critique.	1 v.
231.		Essai sur Tite-Live.	1 v.
232.		De l'intelligence.	2 v.
233.	Tasse, le. —	La Jérusalem délivrée.	1 v.
234.	Térence. —	Comédies, trad. Talbot.	2 v.
235	Tirso de Molina. -	Théâtre.	1 v.
236	Tolstoï. —	La puissance des ténèbres	1 v.
237.	Uchard, Mario.-	Le retour du mari	1 v.
238.	Vacquerie. —	Les funérailles de l'honneur.	1 v.
239.		Profils et grimaces.	1 v.
240.	Veuillot, L. —	Les libres penseurs.	1 v.
241.		Les odeurs de Paris.	1 v.
242.	Vigny, A. de. -	Théâtre complet.	1 v.
243.	Virgile. —	Œuvres complètes, trad. Cabaret.	1 v.
244.	Voltaire. —	Œuvres choisies.	1 v.
245.		Collection complète des œuvres.	57 v.
246.		Dictionnaire philosophique.	1 v.
247.		Lettres.	1 v.
248.	Zola, E. —	Documents littéraires.	1 v.
249.		Nos auteurs dramatiques.	1 v.
250.		Anthologie grecque, trad. Jacobs.	2e v.

Sciences

1. André. — Les fourmis. 1 v.
2. André et Angot.- L'astronomie pratique. 4 v.
3. Badin. — Grottes et cavernes. 1 v
4. Bagehot. — Lois scientifiques du développement des nations. 1 v.
5. Baille. — L'électricité. 1 v.
6. Barral. — Le blé et le pain. 1 v.
7. Barthélémy. — Le médecin des enfants. 1 v
8. Baudrillart. — De l'économie politique populaire. 1 v.
9. Bernardin de St-Pierre. — Etude de la nature. 3 v.
10. Bernstein. — Les sens. 2 v.
11. Bersot. — Mesmer 1 v.
12. Bert, Paul — Lectures sur l'histoire naturelle des animaux. 1 v
13. Berthelot. — Synthèse chimique. 1 v.
14. Bocquillon. — La vie des plantes. 1 v.
15. Bosquet. — Traité théorique et pratique de l'art du relieur 1 v.
16. Bouant. — Les merveilles du feu. 1 v.
17. Les grands froids. 1 v.
18. Boulard. — Les animaux utiles à l'industrie. 1 v.
19. Brevans, de. — La migration des oiseaux. 1 v.
20. Brialmont, Gal.- Les camps retranchés. 1 v.
21. Brothier. — Histoire de la terre. 1 v.
22. La mécanique. 1 v.
23. Buffon. — Morceaux choisis 1 v.
24. Capus. — L'œuf chez les plantes et les animaux. 2 v.
25. Castel. — Les tapisseries 1 v.
26. Cazin. — Les forces physiques. 1 v.
27. La chaleur. 1 v.
28. L'étincelle électrique. 1 v.
29. Chesneau. — La peinture anglaise. 1 v.
30. L'art et les artistes modernes en France et en Angleterre. 1 v.
31. Claye. — Manuel de l'apprenti compositeur. 1 v.
32. Collignon. — L'archéologie grecque., 2 ex 1 v.
33. Les machines. 1 v.
34. Colomb. — La musique 1 v.
35. Deharme. — Les merveilles de la locomotion. 1 v.
36. Deherrypon. — Les merveilles de la chimie. 1 v.
37. Delaborde, vicomte. — La gravure, 2 ex. 1 v.

38. Deleveau. — La matière et ses transformations. 1 v.
39 Delon. — A travers nos campagnes. 1 v.
40. Demoulin. — Les paquebots à grande vitesse. 1 v.
41. Depping. — Merveilles de la force et de l'adresse. 1 v.
42. Dieulafait. — Diamants et pierres précieuses. 1 v.
43. Duméril. - Eléments des sciences naturelles. 2 v.
44. Du Moncel. — L'éclairage électrique. 1 v.
45. Le téléphone, le microphone et le phonographe. 1 v.
46. L'électricité comme force motrice. 1 v.
47. Dumont. — Théorie scientifique de la sensibilité. 1 v.
48. Duplessis. — Les merveilles de la gravure. 1 v.
49. Duval. — L'anatomie artistique. 1 v.
50. Fabre. — L'industrie 1 v.
51. Chimie agricole. 1 v.
52. Serviteurs, animaux domestiques. 1 v.
53. Faraday - Histoire d'une chandelle. 1 v.
54. Fertiault. — Les féeries du travail. 1 v.
55. Figuier. — Histoire des plantes. 1 v.
56. La terre avant le déluge. 1 v.
57. Les grandes inventions anciennes et modernes. 2 v.
58. L'homme primitif. 1 v.
59. La terre et les mers. 1 v.
60. Les races humaines. 1 v.
61. Le savant du foyer. 1 v.
62. La vie et les mœurs des animaux. 3 v.
63. Les aérostats. 1 v.
64. Flammarion. — Contemplations scientifiques. 1 v.
65. Les merveilles célestes. 1 v.
66. La pluralité des mondes habités. 1 v.
67. Voyages en ballon. 1 v.
68. Fonvielle, de. — Eclairs et tonnerre. 1 v.
69. Les merveilles du monde invisible. 1 v.
70. Le monde des atomes. 1 v.
71. Le pétrole. 1 v.
72. La pose du premier câble. 1 v.
73. Foveau de Courmelles. — L'hypnotisme. 1 v.
74. Garnier. — Le fer. 1 v.
75. Gerspach. — La mosaïque. 2 ex. 1 v.
76. Girard, M. — Les métamorphoses des insectes. 1 v.
76 bis. Girard, J. — Les plantes étudiées au microscope. 1 v.
77. Gratiolet. — De la physionomie. 1 v.
78. Guillemin. — Les chemins de fer. 1 v.
79. La vapeur. 1 v.
80. Havard. — La peinture hollandaise. 1 v.

81. Hélène. — La poudre à canon. 1 v.
82. Les galeries souterraines. 1 v.
83. Hément. — Simples discours sur la terre et sur l'homme. 1 v.
84. Menus propos sur les sciences. 1 v.
85. Hennebert, colonel. — L'artillerie. 1 v.
86. Les torpilles. 1 v.
87. Huxley. — L'écrevisse. 1 v.
88 Jacquemart. — Les merveilles de la céramique. 3 v.
89. Jaloustre. — Cours d'agriculture. 1 v.
90. Joigneaux. — Causeries sur l'agriculture et l'horticulture. 1 v.
91. Joly. — L'imagination. 1 v.
92. L'homme avant les métaux. 1 v.
93. Jussieu, de. — Le camp, la fabrique, la fermr. 1 v.
94. Kappelin. — L'univers. 1 v.
95. Kobell, de. — Les minéraux. 1 v.
96. Lacombe. — Les armes et les armures. 1 v.
97. Lagrange. — Physiologie des exercices du corps 1 v,
98. Landrin. — Les monstres marins. 2 ex. 1 v.
99. Les plages de la France. 1 v.
100. Lanoye, de. — L'homme sauvage. 1 v.
101. Lasteyrie, de. - Histoire de l'orfévrerte. 1 v.
102. Laugel. — Etudes scientifiques. 1 v.
103. Laurens. — De l'agriculture au point de vue chrétien. 2 v.
104. Lefebvre. - Le sel. 1 v.
105. Lefèvre. — Les parcs et les jardins. 2 ex. 1 v.
106. Les merveilles de l'architecture. 1 v.
107. Guide pratique du compositeur. 1 v.
108 Lefour. — Sol et engrais. 1 v.
109. Le Piteur. — Le corps humain. 1 v
110. Lesbazeilles. — Les merveilles du monde polaire. 1 v.
111 Les forêts. 1 v.
112. Lévêque. — Les harmonies providentielles. 2 ex. 1 v.
113. Lostalot. — Les procédés de la gravure. 2 ex. 1 v.
114. Luys. — Le cerveau. 1 v.
115. Macé. — Histoire d'une bouchée de pain. 2 ex 1 v.
116. Les serviteurs de l'estomac. 1 v.
117. Maindron. — Les papillons. 1 v.
118. Marion. — Les merveilles de la végétation. 1 v.
119. Les ballons et les voyages aériens. 1 v.
120 L'optique. 1 v.
121. Marzy. — L'hydraulique 1 v.
122. Mansdley. — Le crime et la folie. 1 v.
123. Maury. — La terre et l'homme. 1 v.

124. Menault. — L'intelligence des animaux. 1 v.
125. L'amour maternel chez les animaux. 1 v.
126. Mercadier. — Chant, Cours élémentaire, moyen et supérieur. 2 v.
127. Meunier. — Les grandes chasses. 1 v.
128. Les grandes pêches. 1 v.
129. Les sources. 1 v.
130. L'écorce terrestre. 1 v.
131. Meunier. — La terre végétale. 1 v.
132. Meyer, de. — Les organes de la parole. 1 v.
133. Millet. — Les merveilles des fleuves et des ruisseaux, 1 v.
134. Moitessier. — L'air. 1 v.
135. La lumière. 1 v.
136. Molionier. — L'émaillerie. 1 v.
137. Moynet. — L'envers du théâtre. 1 v.
138. Müntz. — La tapisserie. 1 v.
139. Narjoux. — Histoire d'un pont. 1 v.
140. Page. — Géologie technicologique. 1 v.
141. Paris, de. — Les associations ouvrières en Angleterre. 1 v.
142. Pellegrin. — Théorie pratique de la perspective. 1 v.
143. Portal. — Les merveilles de l'horlogerie. 1 v.
144. Pottier. — Les statuettes de terre cuite. 1 v.
145. Prouteaux. — Guide pratique de la fabrication du papier et du carton. 1 v.
146. Quatrefages, de. — L'espèce humaine. 1 v.
147. Radau. — L'acoustique 1 v.
148. Le magnétisme 1 v.
149. Renard. — Les phares. 1 v.
150 L'art naval. 1 v.
151 Reynaud. — Histoire élémentaire des minéraux usuels. 1 v.
152. Roberty, de. — La sociologie 1 v.
153. Rosenthal. — Les nerfs et les muscles. 1 v.
154. Saint-Arroman, de. — La gravure à l'eau forte. 1 v.
155. Sauzay — La verrerie. 2 ex. 1 v.
156. Schutzenberger-Les fermentations 1 v.
157. Secchi, R.-P. - Les étoiles. 2 v.
158. Sestier, docteur. De la foudre. 1 v.
159. Simonin. — Les merveilles du monde souterrain. 2 v.
160. L'or et l'argent. 1 v.
161. Sonrel. — Le fond de la mer. 1 v.
162. Spencer — La morale évolutionniste. 1 v.

163. Spencer. — La science sociale. 1 v.
164. Stewart, Balfour. — Conservation de l'énergie. 1 v.
165. Ternant. — Les télégraphes. 7 v.
166. Thévenin. — Entretiens populaires. 1 v.
167. Tissandier. — L'eau 1 v.
168. La houille. 1 v.
169. La navigation aérienne. 1 v.
170. Les ballons. 2 ex. 1 v.
171. Les fossiles. 1 v.
172. Les merveilles de la photographie. 1 v.
173. Trouessart. — Les microbes. 1 v.
174. Tyndalle. — Les glaciers. 1 v.
175. Valette. — Manuel pratique de lithographie. 1 v.
176. Van Beneden.- Les commensaux et les parasites. 1 v.
177. Varennes, de. - Les veillées de la ferme. 1 v.
178. Verneau, doct[r]- L'enfance de l'humanité. 1 v.
179. Viardot. — Los merveilles de la sculpture. 1 v.
180. Les merveilles de la peinture 2 v.
181. Würtz. — La théorie atomique. 1 v.
182. Zurcher et Margollé. — Trombes et cyclones. 1 v.
183. Volcans et tremblements de terre. 1 v.
184. Les météores. 2 ex. 1 v.
185. Les glaciers. 1 v.
186. Anonymes. — Notre habitation terrestre, 1 v.
187. La manœuvre sur la carte. 1 v.
188. Les procédés Traité pratique de phototypie. 1 v.
189. La science illustrée, 1876-77. 1 v.
190. La science pour tous, 1873-76, 1883-91. 12 v.

Histoire et Géographie

1. Abelous. — Les bienfaiteurs modernes de l'humanité. 1 v.
2. About. — La Grèce contemporaine. 1 v.
3. Amicis, de. — L'Espagne. 1 v.
4. Anquetil. — Histoire de France. 6 v.
5. Anquez. — Histoire de France. 1 v.
6. Le chancelier de l'hospital. 1 v.
7. Augé. — Les tombeaux. 1 v.
8. Voyage aux sept merveilles du monde. 1 v.
9. Aumale, d'. — Les zouaves et les chasseurs à pied 1 v.
10. Aunet, M d.' — Voyage d'une femme au Spitzberg. 1 v.
11. Bachelet. — Histoire de France. 1 v.
12. Baker. — Le lac Albert. 1 v.
13. Balcam. — Promenades en Russie. 1 v.
14. Barker, lady. — Une femme du monde au pays des Zoulous. 1 v,
15. Beaufrand. — Biographie des grands inventeurs. 1 v.
16 Bernard, F. — Vie d'Oberlin. 1 v.
17. Bernard — Les évasions célèbres. 1 v.
18. Les fetes célèbres 1 v.
19. Quatre mois de Sahara. 1 v.
20. Bertherand. — Charles-Quint au monastère de St-Yuste. 1 v.
21. Besson, abbé — De Montalembert en Franche-Comté 1 v.
22. Biard, L. — A travers l'Amérique. 1 v.
23. Blerzy. — Colonies anglaises. 1 v.
24. Torrents, fleuves, canaux. 1 v.
25. Boissier. — L'opposition sous les Césars. 1 v.
26. Histoire du conflit américain. 1 v.
27. Promenades archéologiques : Rome et Pompéi. 1 v.
28. Cicéron et ses amis. 1 v.
29. Boissonnas, Me.- Un vaincu. souvenirs du général Lee. 1 v.
30. Bonnechose, de.- Montcalm et le Canada français. 1 v.
31. Lazare Hoche. 1 v.
32. Borel d'hauterive. — Les sièges de Paris. 1 v.
33. Boudin et Blanc.-Eléments de statistique et de géographie. 1 v.
34. Boulangier. — Voyage à Merv. 1 v.
35. Brothier. — Histoire de la terre. 1 v.
36. Bruno. — Le tour de France par deux enfants. 1 v.

37. Burette. — Cahiers d'histoire littéraire. 6 v.
38. Casalis. — Les Bassutos. 1 v.
39. Castellane, de. — Souvenirs de la vie militaire en Afrique. 1 v.
40. Catlin. — La vie chez les Indiens. 1 v.
41. Caylus, M^e de. — Souvenirs et correspondance. 1 v.
42. Chaillé-Long. — L'Afrique centrale. 1 v.
43. Charmes. — L'avenir de la Turquie. 1 v.
44. Charton. — Les Vosges. 1 v.
45. Chuquet. — Le général Chanzy. 1 v.
46. Claretie. — Œuvres de Camille Desmoulins 2 v.
47. Colomb. — La vie et les découvertes de Christophe Colomb 1 v.
48. Combes. — La Grèce ancienne. 1 v.
49. Cotteau. — En Océanie. 1 v.
50. De Paris au Japon. 1 v.
51. Crevier. — Histoire des empereurs romains. 5 v.
52. Crouzat. — La guerre de la défense nationale, 20e corps. 1 v.
53. Crove. — Océans et continents. 1 v.
54. Cuvillier-Fleury. - Voyages et voyageurs. 1 v.
55. Dalsème.. — Le siège de Bitche. 1 v.
56. Delattre — Historique de la gendarmerie française. 1 v.
57. Depasse. — Carnot. 1 v.
58. Depping. — Le Japon. 1 v.
59. Doncourt, de. — Souvenirs des ambulances. 1 v.
60. Drohojowska, comtesse. — L'Egypte et le Canal de Suez. 1 v.
61. Du Camp. — Souvenirs de de l'année 1848. 1 v.
62. Expédition des deux Siciles. 1 v.
63. Du Casse. — Souvenirs d'un officier du 2e zouaves. 1 v.
64. Dumont. — Le Balkan et l'Adriatique. 1 v.
65. Dunant. — Un souvenir de Solférino. 1 v.
66. Dupuy. — Histoire de la réunion de la Bretagne à la France. 2 v.
67. Duruy. — Histoire grecque. 1 v.
68. Histoire romaine. 1 v.
69. Histoire du moyen-âge. 1 v.
70. Histoire des temps modernes. 1 v.
71. Introduction à l'histoire de France. 1 v.
72. Histoire de France. 2 ex. 2 v.
73. Dutreuil. — Le royaume d'Annam et les Annamites. 1 v.
74. Duval. — Notre planète. 1 v.
75. Ernouf, baron. - Le général Kléber. 1 v.
76. Histoire de trois ouvriers français 1 v.

77. Fabre-Meissas.- La guerre franco-allemande. 1 v.
78. Fezensac, de.— Souvenirs militaires. 2 v.
79. Figuier. — L'Italie d'après nature. 1 v.
80. Histoire du merveilleux dans les temps modernes. 4 v.
81. Fleury. — Francs-Comtois et Suisses. 1 v.
82. Fontpertuis. — Chine et Japon. 1 v.
83. Fournier. — Histoire de la butte des moulins. 1 v.
84. Francklin. — Mémoires. 1 v.
85. Fromentin. — Les maîtres d'autrefois. 2 ex. 1 v.
86. Un été dans le Sahara. 1 v.
87. Fustel de Coulanges. — La cité antique. 1 v.
88. Gaffarel. — La défense nationale en 1792. 1 v.
89. Ganneron. — L'amiral Courbet. 1 v.
90 Garnier. — Les nains et les géants. 1 v.
91. Gauthier, Th.—Les beaux arts en Europe. 2 v.
92. Constantinople. 1 v.
93. Gazeau. — Les bouffons. 1 v.
94. Les frontières de la France. 1 v.
95. Goncourt, E. et J. de. — Histoire de la société française pendant la révolution. 1 v.
96. Histoire de la société française pendant le directoire. 1 v.
97. Gœpp et Cordier. — Les grands hommes de la France, Marins. 2 v.
98. Les grands hommes de la France, hommes de guerre. 2 v.
99. Gœpp et Ducoudray. — Le patriotisme en France. 1 v.
100. Goumy. — La France du centenaire. 1 v.
101. Guillon. — Petite histoire de la révolution. 1 v.
102. Guizot. — Guillaume le conquérant. 1 v.
103. Edouard III et les bourgeois de Calais. 1 v.
104. Histoire des origines du gouvernement représentatif. 2 v.
105. Histoire de la révolution d'Angleterre. 6 v.
106. Trois générations. 1 v.
107. Hanotaux. — Les villes retrouvées. 1 v.
108. Haussonville, d'. — Souvenirs et mélanges. 1 v.
109. Histoire de la politique extérieure du gouvernemsnt français 2 v.

110. Havard. — La Hollande pittoresque. 2 v.
111. Héricault, d'. — La révolution de Thermidor. 1 v.
112. Hervé et de Lanoye. — Voyages dans les glaces. 1 v.
113. Houmaire de Hell, Me. — Voyages dans les Steppes. 1 v.
114. Houssaye. — Galerie du XVIIIe siècle. 1 v.
115. Hubault. — Les grandes époques de la France. 3 v.
116. Hübner, de. — Promenade autour du monde. 2 v.
117. Hugo, V. — Le Rhin. 3 v.
118. Histoire d'un crime. 2 v.
119. Napoléon le petit. 1 v.
120. Huot. — Des Vosges au Rhin. 1 v.
121. Jacquemont. — Correspondance. 2 v.
122. Jacottet. — Les grands fleuves. 1 v.
123. Jacqmin. — Les chemins de fer pendant la guerre 1870-71. 1 v.
124. Joinville. — Histoire de Saint-Louis. 1 v.
125. Irving, Washington. — Voyages et aventures de Christophe Colomb. 1 v.
126. Jung. — La France et Rome. 1 v.
127. Bonaparte et son temps. 3 v.
128. Jurien de la Gravière. — La marine d'autrefois 1 v.
129. La marine d'aujourd'hui. 1 v.
130. Souvenirs d'un amiral. 2 v.
131. Les marins du XVe et du XVIe siècle 2 v.
132. La station du Levant. 2 v.
133. Kakasch. — Voyage en Perse. 1 v.
134. Kæppelin. — L'Alsace à travers les âges. 1 v.
135. Kleine. — Les richesses de la France. 1 v.
136. Kœchlin-Schwartz. — Un touriste en Laponie. 1 v.
137. Labonne. — L'Islande. 1 v.
138. Laboulaye. — Histoire des Etats-Unis. 3 v.
139 Etudes contemporaines sur l'Allemagne. 1 v.
140. Lacombe. — Le patriotisme. 1 v.
141. Lacroix. — Histoire anecdotique du drapeau français. 1 v.
142. Lafitte. — La parole. 1 v.
143. Lamartine. — Christophe Colomb. 1 v.
144. Histoire des Girondins. 6 v.
145. Histoire de la révolution de 1848. 2 v.
146. Voyage en Orient. 2 v.

147. Lamothe, de. - Cinq mois chez les français d'Amérique. 1 v.
148. Landelle, de la. - La vie navale. 1 v.
149. Landrin. — Les inondations. 1 v.
150. Lanier. — L'Afrique. 1 v.
151. Lanoye, de. — La mer polaire. 1 v.
152. Laporte. — L'Alsace reconquise, 2 ex. 1 v.
153. Las Cases, de. - Le mémorial de Ste-Hélène. 1 v.
154. Laure, Me. — De Marseille à Sang-haï et Yedo. 1 v.
155. Lavallée. — Histoire de la Turquie. 2 v.
156. Lavisse. — Etude sur l'origine de la monarchie prussienne. 1 v.
157. Lebrun. — Voyages et aventures du capitaine Cook. 1 v.
158. Leclerq. — Un été en Amérique. 1 v.
159. Lee-Childe, Me. - Le général Lee. 1 v.
160. Léger. — Histoire de l'Autriche-Hongrie. 2 v.
161. Legoyt. — Forces matérielles de l'empire d'Allemagne. 1 v.
162. Lelièvre. — Un missionnaire en Californie. 1 v.
163. Lemire. — Cochinchine française. 1 v.
164. Lemonnier. — L'Algérie, 2 ex. 1 v.
165. Lenormant, Me. - Quatre femmes au temps de la révolution. 1 v.
166. Lesbazeilles. — Les colosses anciens et modernes. 1 v.
167. Lesseps, de. — Origines du canal de Suez. 1 v.
168. Levaillant. — Abrégé des voyages en Afrique. 1 v.
169. Liblin. — Belfort et son territoire. 1 v.
170. Liégeard. — Vingt journées d'un touriste au pays de Luchon. 1 v.
171. Livingstone. — Exploration de l'Afrique australe. 1 v.
172. Longnon. — Etude biographique sur Villon. 1 v.
173. Lonlay, Dick de. — Le siège de Tuyen-Quan. 1 v.
174. Les combats du général Négrier au Tonkin. 1 v.
175. Luce, Siméon. - Histoire de Bertrand du Guesclin. 1 v.
176. Jeanne d'Arc à Domrémy. 1 v.
177. Macaulay. — Œuvres diverses. 1 v.
178. Histoire et critique. 1 v.
179. Marcoy. — Scènes et paysages dans les Andes. 1 v.
180. Maréchal. — Histoire contemporaine. 2 v.
181. Marmier — Les pays lointains. 1 v.
182. Lettres sur le Nord. 1 v.
183. Maspero. — Histoire ancienne des peuples d'Orient. 1 v.
184. Maze. — Kléber. 1 v.

185. Meignan. — De Paris à Pékin par terre. 1 v.
186. Menant. — Ninive et Babylone. 1 v.
187. Menière. — La captivité de Me la duchesse de Berry. 2 v.
188. Mény. — Le siège de Belfort. 1 v.
189. Mercklen, abbé. - L'abbé Martin, premier directeur du gymnase catholique de Colmar. 1 v.
190. Mézières. — En France. 1 v.
191. Michaud. — Histoire des Croisades. 4 v.
192. Michel. — Impressions de voyage, all. 1 v.
193. Michelet. — Histoire romaine, 2 ex. 1 v.
194. Jeanne d'Arc. 1 v.
195. Histoire de France. 19 v.
196. Mignet. — Vie de Francklin. 1 v.
197. Rivalité de François Ier et de Charles-Quint. 2 v.
198. Eloges historiques. 1 v.
199. Nouveaux éloges historiques. 1 v.
200. Portraits et notices. 2 v.
201. Etudes historiques. 1 v.
202. Monnier. — Vercingétorix. 1 v.
203. Monod, William Cinquante années de la vie d'un peuple. 1 v.
204. Montégut. — Souvenirs de Bourgogne. 1 v.
205. En Bourbonnais et en Forez. 1 v.
206. Morand. — L'année historique de Boulogne-sur-mer. 1 v.
207. Moreau-Christophe. Les Gaulois nos aïeux. 1 v.
208. Mouhot. — Voyage dans les royaumes de Siam et de Cambodge. 1 v.
209 Napoléon. — Campagnes d'Italie, d'Egypte et de Syrie. 3 v.
210. Commentaires de César. 2 v.
211. Niel. — Géographie de l'Algérie. 1 v.
212. Nodier. — Souvenirs de la révolution et de l'empire. 2 v.
213. Oberkirch, baronne d'. — Mémoires. 2 v.
214. Petit. — Le courage civique 1 v.
215. Les grands incendies. 1 v.
216. Périgot. — Géographie de la France. 1 v.
217. Perrens. — Jérôme Savonarole. 1 v.
218 Pfeiffer, Ida, Mme Voyage à Madagascar. 1 v.
219. Voyage d'une femme autour du monde. 1 v.
220. Mon second voyage autour du monde 1 v.
221. Piotroswski. — Souvenirs d'un Sibérien. 1 v

222. Poujoulat. — Toscane et Rome. 1 v.
223. Pouy. — Histoire de la cocarde tricolore. 1 v.
224. Prevost-Paradol Quelques pages d'histoire contemporaine. 4 v.
225. Quinet — La révolution.
226. Histoire de la campagne de 1815. 1 v.
227. Radiguet. — Les derniers sauvages. 1 v.
228. Raffy. — Grands faits de l'Histoire de France 1 v.
229. Rambaud — Histoire de la Russie, 2 ex 1 v.
230. Français et Russes. 1 v.
231. Ramie. — Histoire de la locomotion. 1 v.
232. Rathgeber. Spener ou le réveil religieux de son époque 1635-1705. 1 v.
233. Raymond. — Les marines de la France et de l'Angleterre. 1 v.
234. Reclus, E. — Les continents. 1 v.
235. Voyage à la Sierra Nevada. 1 v.
236. Rémusat, Me de. - Mémoires. 3 v.
237. Renaud. — L'héroïsme. 1 v.
238. Rendu — Les français : grandes époques de leur histoire. 1 v.
239. Riencourt, de. - Les militaires blessés et les invalides. 2 v.
240. Robert et Arnoul. — Sièges mémorables des français. 1 v.
241. Robischung. — Un coin des Alpes. 1 v.
242. Rondelet. — Nouvelles et voyages. 1 v.
243. Roy. — L'an mille. 1 v.
244. Histoire de Fenelon. 1 v.
245. Ruinard, dom. - Voyage littéraire en Alsace au XVIIe siècle. 1 v.
246. Saint-Hermel, de. — Pie IX. 1 v.
247. Saint-Simon. — Mémoires. 2 v.
248. Saint-Victor, de. — Barbares et bandits. 1 v.
249. Sand, G. — Un hiver à Majorque. 1 v.
250 Sarcey. — Le siège de Paris. 1 v.
251. Sassenay, de. - Les Brienne de Lene et d'Athènes. 1 v.
252. Saulcy, de. — Dictionnaire topographique de la terre sainte. 1 v.
253. Sibrée, James. - Madagascar et ses habitants. 1 v.
254. Siebecker. — L'Alsace. 1 v.
255. Staal-Delaunay, Me de. — Mémoires. 1 v.
256. Strabon. — Géographie. 1 v.
257. Sue. — Histoire de la marine française. 5 v.
258. Taine. — Voyage aux Pyrénées 1 v.

259. Voyage en Italie. 2 v.
260. Un séjour en France. 1 v.
261. Talbot. — Histoire romaine. 1 v.
262. Thanneberg, de- Le centenaire de Boïeldieu. 1 v.
263. Thiers — Waterloo. 1 v.
264. Thierry, A. — Histoire de la conquête de l'Angleterre par les Normands. 4 v.
265. Dix ans d'études historiques. 1 v.
266. Lettres sur l'histoire de France. 1 v.
267. Récits des temps mérovingiens. 2 v.
268. Le tiers-état. 1 v.
269. Trousset. — Les grands naufragss. 1 v.
270. Valbert. — Hommes et choses d'Allemagne. 1 v.
271. Valentin. — Les ducs de Bourgogne. 1 v.
272. Wallon. — La terreur. 2 v.
273. Werdet. — Histoire de la librairie française. 1 v.
274. Verne, Jules. — Histoire des grands voyages. 2 v.
275. Wey, Francin. - Dick-Moon en France. 1 v.
276. Villemain. — La tribune moderne. 2 v.
277. Vimercati. — Histoire de l'Italie. 1 v.
278. Vitet. — La ligue. 2 v.
279. Voltaire. — Histoire de Charles XII, 2 ex. 1 v.
280. Zaccone, P. — La poste. 1 v.
281. Zévort. — Histoire des temps modernes. 2 v.
282. Histoire de Louis-Philippe. 1 v.
283. Zurcher et Marjollé. — Les naufrages célèbres. 1 v.
284. Les ascensions célèbres. 1 v.
285. Histoire de la navigation. 1 v.
286. L'énergie morale. 1 v.
287. Anonymes. — La Gaule et les gaulois. 1 v.
288. Les célébrités de l'atelier. 1 v.
289. La politique prussienne et le catholicisme en Allemagne. 1 v.
290. L'empire des sources du soleil. 1 v.
291. Journal la France. Le dossier de la guerre de 1870. 1 v.
292. L'Allemagne. 1 v.
293. Impressions et souvenirs du siège de Belfort. 1 v.
294. La ligue d'Alsace. 1 v.
295. Introduction à l'étude de la géographie. 1 v.

Divers

1.	About. —	A B C du Travailleur, 2 ex.	1 v.
2.		Le progrès.	1 v.
3.	Audiganne. —	Les ouvriers en famille.	1 v.
4.	Bautain, abbé. —	La belle saison à la campagne, 2 ex.	1 v.
5.		Les chrétiens de nos jours.	2 v.
6	Bigot. —	Les classes dirigeantes.	1 v.
7.	Brandat. —	La république rurale.	1 v.
8.	Clamageran. —	La France républicaine.	1 v,
9.	Devaismes. —	France et Progrès	1 v.
10.	Deseiligny —	Influence de l'éducation.	1 v.
11.	Drumont. —	La fin d'un monde.	1 v.
12.	Duclos, abbé. —	La saison d'hiver à Paris.	1 v.
13.	Frary. –	Le péril national.	1 v.
14.	Fremy. —	Les mœurs de notre temps.	1 v.
15.	Gasparin, de	Les écoles du doute et celles de la foi.	1 v.
16.		Le bonheur.	1 v.
17.		Pensées de liberté.	1 v.
18.		La famille.	2 v.
19.		La conscience.	1 v.
20.		L'égalité	1 v.
21.		Les droits du cœur.	1 v.
22.		La bible.	2 v.
23.		Discours politiques.	1 v.
24.		L'église selon l'évangile.	2 v.
25.		Les perspectives du temps présent.	1 v.
26.		La liberté religieuse.	1 v.
27.		L'égalité.	1 v.
28.		La liberté morale.	2 v.
29.		Trois paroles de paix.	1 v.
30.		Paroles de vérité.	1 v.
31.		Questions diverses.	1 v.
32.		Les perspectives du temps présent.	1 v.
33.		Un grand peuple se relève.	1. v.
34.		L'Amérique devant l'Europe.	1 v.
35.		Le bon vieux temps.	1 v.
36.		L'ennemi de la famille.	1 v.
37.		Innocent III.	1 v.
38.		La France.	2 v.
39.		Les tables tournantes.	1 v.
40.		Luther et la réforme au XVIe siècle.	1 v.
41.	Gaussen. —	Le 1er chapitre de la Genèse.	1 v.
42.		Le matérialisme et le socialisme	1 v.

43. Gloger. —	De la nécessité de protéger les animaux utiles.	1 v.
44. Janet. —	La famille.	1 v.
45. Kæppelin. —	Homme et nature.	1 v.
46. Laboulais, Me —	Considérations sur l'amélioration du sort de l'ouvrier.	1 v.
47. Larchey. —	Dictionnaire des noms.	1 v.
48. Lock et Couly. -	Les prix de vertu.	2 v.
49. Maistre, J. de —	Les soirées de St-Pétersbourg.	2 v.
50. Mazé. —	La lutte contre la misère.	1 v.
51. Monnot. —	La mission des femmes en temps de guerre.	1 v.
52. Mouravit. —	Le livre et la petite bibliothèque d'amateur.	1 v.
53. Picot. —	Un devoir social et les logements d'ouvriers.	1 v.
53 *bis*. Prévost - Paradol. —	La France nouvelle.	1 v.
54. Rochefort. —	Les signes du temps.	1 v.
55. Rozan. —	Petites ignorances de la conversation.	1 v.
56. Simon, J. —	Dieu, patrie, liberté.	
57.	L'ouvrière.	1 v.
58.	Le livre du petit citoyen.	1 v.
59. Sirven. —	Les imbéciles.	1 v.
60. Stahl. —	Morale familière.	1 v.
61. Tassis. —	Traité pratique de la ponctuation	1 v,
62.	Guide du correcteur.	1 v.
63. Théry. —	Conseils aux mères.	2 v.
64. Thiers. —	De la propriété	1 v.
65. Vallery-Radot. -	Journal d'un volontaire d'un an	1 v.
66. Wolter, dom. —	Les catacombes de Rome.	1 v.
67. Anonyme. —	L'école du sens commun.	1 v.

EXTRAIT DU RÈGLEMENT

La bibliothèque est ouverte, du 1er Octobre au 15 Août, les jeudis de deux heures à quatre heures de l'après-midi et les dimanches de dix heures à midi.

Le lecteur ne peut garder un volume au delà d'un mois. Il ne doit conserver chez lui plus de deux volumes à la fois.

En cas de perte ou de détérioration, il sera tenu de le remplacer ou d'en payer la valeur.

Dans la première huitaine du mois d'août, tous les livres prêtés au dehors devront être rapportés à la bibliothèque.

TABLE

Belfort. — Imp. de la Frontière

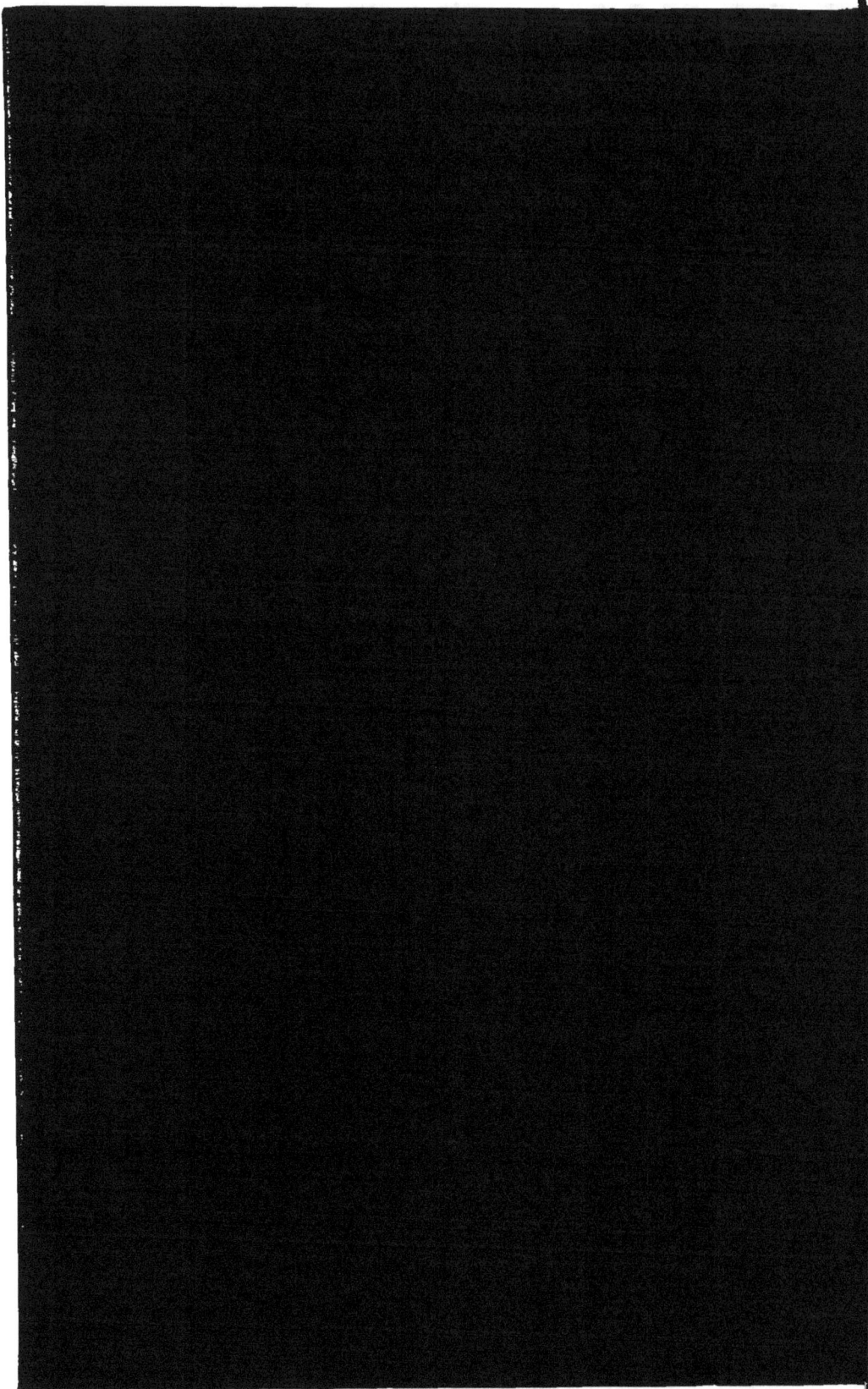

www.ingramcontent.com/pod-product-compliance
Lightning Source LLC
LaVergne TN
LVHW022033080426
835513LV00009B/1027

9782011312211